GUÍA DE LECTURA

Escrita por Natacha Cerf
Traducida por Laura Bernal Martín

Las manos sucias

de Jean-Paul Sartre

JEAN-PAUL SARTRE

ESCRITOR E INTELECTUAL FRANCÉS

- **Nació en 1905 en París**
- **Falleció en 1980 en París**
- **Algunas de sus obras:**
  - *La náusea* (1938), novela
  - *A puerta cerrada* (1944), obra de teatro
  - *El existencialismo es un humanismo* (1946), ensayo filosófico

Jean-Paul Sartre, nacido en París en 1905 y fallecido en 1980, es un escritor y filósofo francés. Admirado al mismo tiempo que rechazado por su pensamiento existencialista, es autor de varios ensayos, como *El ser y la nada* (1943) o *El existencialismo es un humanismo* (1946). Asimismo, escribe numerosas obras literarias en las que despliega toda la fuerza de su filosofía y de su concepción de la literatura: *La náusea*, novela publicada en 1938, *Las moscas*, obra teatral que vio la luz en 1938, o *A puerta cerrada*, editada en 1944. En 1964, Sartre rechaza el Premio Nobel de Literatura y publica *Las palabras*, un relato autobiográfico sobre su juventud. Conocido además por su relación sentimental con Simone de Beauvoir (pensadora y novelista francesa, 1908-1986), Sartre deja tras su fallecimiento una profunda huella en la sociedad, tanto por su obra literaria como por su compromiso político con la extrema izquierda.

LAS MANOS SUCIAS

UNA VERDADERA REFLEXIÓN SOBRE EL COMPROMISO POLÍTICO

- **Género**: obra de teatro
- **Edición de referencia**: Sartre, Jean-Paul. 1981. *Las manos sucias*. Traducido por Aurora Bernárdez. Madrid: Alianza Editorial
- **Primera edición**: 1929
- **Temáticas**: comunismo, responsabilidad, acción política, convicción, compromiso

Las manos sucias es una obra de teatro en siete cuadros escrita en 1948. Narra la historia de Hugo, intelectual burgués francés que tiene que asesinar bajo orden del Partido Comunista a Hoederer, un dirigente. Tras cometer el crimen, es encarcelado en 1943 y puesto en libertad en 1945. Cuando sale de la cárcel, va a visitar a Olga. Esta le confiesa que el Partido aplica ahora la política que Hoederer apoyaba, una política que dos años atrás era rechazada por completo. Hoederer se ha convertido en un icono histórico, y Hugo debe renegar de su crimen si quiere volver a integrarse en las filas del Partido. No obstante, prefiere asumir la responsabilidad de sus actos y elige morir.

Las manos sucias es la obra más exitosa de Sartre, y constituye una reflexión sobre los tipos de compromiso y acción política que se sucedieron tras la Segunda Guerra Mundial.

RESUMEN

Hugo se afilia al Partido, para el que trabaja como periodista. Cuando los demás miembros reciben la orden de hacer volar el puente de Korsk, Hugo le dice a Olga que le gustaría participar de forma más directa: escribir para el periódico del Partido mientras los demás mueren por este ya no le basta. Louis le propone entonces asesinar a Hoederer, que a pesar de ser dirigente del Partido, es ahora considerado un traidor. Lo que en realidad desea Hoederer es que el partido del proletariado se asocie a los fascistas, a los nacionalistas y a los burgueses liberales del Pentágono, contrarios a las aspiraciones del Partido, que lucha por una sociedad sin clases y por la libertad. Hugo acepta la misión, y al día siguiente llega a la casa de campo de Hoederer para comenzar a trabajar para él como secretario.

Hugo le reprocha a Hoederer haber convertido a la organización revolucionaria en un partido de gobierno. Este le explica la necesidad de aceptar el acuerdo, porque cuando el ejército rojo haya franqueado las fronteras de Ilyria, el Partido pasará momentos difíciles: «[t]odos los ejércitos en guerra, liberadores o no, se parecen: viven en el país ocupado. Nuestros campesinos detestarán a los rusos, es fatal; ¿y tú crees que nos querrán a nosotros, impuestos por los rusos?» (Sartre 1981, quinto cuadro, escena III). Además, una vez en el poder, el Partido deberá aplicar medidas impopulares para enderezar la situación de un país en ruinas. Al formar un gobierno con los liberales y los conservadores, al formar una unión nacional, el Partido será una minoría y formará parte de la oposición dentro del gobierno. De esta forma, se ganará el favor de la población. Hugo condena esta línea política llena de mentiras y de compromisos que se alejan de la economía socialista por la que el Partido aboga. Hoederer piensa que Hugo ama los principios por encima de los hombres, ya que no le importa que millones de personas sigan muriendo si el Regente no para la guerra. Según él, para gobernar es necesario estar dispuesto a ensuciarse las manos.

Hugo y su mujer, Jessica, se mudan a la casa de Hoederer. Slick y Georges, los guardaespaldas de Hoederer, entran en su habitación para registrarla bajo orden, pero Hugo se opone. Los hombres le tratan de «niño rico» (Sartre 1981, tercer cuadro, escena II) y le acusan de ser un intelectual que nunca ha pasado hambre, mientras que ellos han entrado en el Partido para huir de la miseria y no para defender a nadie. Hoederer entra a su vez en la habitación y finalmente decide que pueden confiar en Hugo y que el registro no es necesario. Jessica, que se ha escondido el revólver de Hugo en la blusa, dice que hay que responder a la confianza con confianza, por lo que pide que registren la habitación. Los guardaespaldas lo hacen, pero no encuentran nada.

Karsky, el secretario del Pentágono, y el príncipe Paul, hijo del Regente, se encuentran al otro lado del jardín. Se han aliado con el Partido porque tienen como intereses comunes la unidad nacional y la salvaguarda de la independencia del territorio. A pesar de que sostienen opiniones distintas en materia de política exterior, han llegado a un acuerdo en cuanto a la necesidad de presentar una Ilyria unida a los ojos extranjeros: las divisiones internas suponen un obstáculo a la paz venidera. Desean alcanzar una unión nacional que se enmarque en las organizaciones clandestinas ya existentes. Con este objetivo, Karsky y el príncipe Paul desean que el Partido se una al Comité Nacional Clandestino. El Partido dispondrá de dos votos, el Regente de seis y el Pentágono de cuatro. A Hoederer la propuesta le resulta inaceptable, y exige un Comité Central reducido a seis miembros con tres votos para el Partido. Hugo se indigna con virulencia contra este acuerdo, que agrupa a los defensores de las reivindicaciones del proletariado (el Partido) y a los representantes de los campesinos y la burguesía. Justo cuando se lleva la mano al revólver, se escucha una fuerte detonación. Hoederer, Karsky y el príncipe abandonan la sala y se esconden.

Rápidamente, Hugo comprende que el Partido no confía en él: Olga ha ordenado lanzar una granada para matar a Hoederer cuando es él quien tenía que acabar con su vida. La misión, sin embargo, debería haber culminado hacía ocho días, por lo que pasó a manos de otro. Desde ese momento, el Partido considera a Hugo un traidor. Olga le da veinticuatro horas más para cumplir la tarea.

Por su parte, Jessica avisa a Hoederer de que Hugo quiere matarle. Cuando este llama a la puerta, Jessica escapa por la ventana. Hoederer intenta convencer a Hugo de que no le mate: como intelectual que es, carece de instinto asesino. Hugo abandona la sala. Jessica vuelve a entrar por la ventana y Hoederer la besa. Hugo les sorprende cuando volvía para decirle a Hoederer que aceptaba su ayuda. En ese momento asesina a Hoederer con tres disparos y le detienen y llevan a la cárcel.

Dos años más tarde, Hugo es puesto en libertad por buena conducta. Visita a Olga, a quien le confiesa que el Partido ha intentado acabar con él enviándole bombones envenenados a la cárcel. Olga le avisa de que si el Partido se lo pide, le matará. En ese momento, Charles y Frantz, ambos miembros del Partido, entran con el objetivo de acabar con Hugo, bajo órdenes de Louis. Olga pide que traigan a Louis y le convence de que le dé una noche de plazo para comprobar si Hugo puede servir todavía al Partido.

Más tarde, Olga le comunica a Hugo que el Partido ha formado un comité clandestino con el gobierno y la gente del Pentágono, tal y como Hoederer deseaba. El Partido ha limpiado la memoria de este y ha negado que sus miembros quisieran asesinarlo. Desde ese momento, Hugo rechaza volver a las filas del Partido, que ha retomado las ideas de Hoederer, con las que siempre estuvo en desacuerdo. Por ese motivo, reivindica su crimen. Si él lo negara, todo el mundo creería que Hoederer había muerto por casualidad; sin embargo, Hugo prefiere morir antes que tener que volver al Partido.

ESTUDIO DE LOS PERSONAJES

OLGA

Presentada como la protectora de Hugo, ella también es miembro del Partido. Aunque es una mujer, su temperamento presenta rasgos típicamente masculinos. Aparece como un personaje determinado, severo y autoritario, pero lleno de sentimientos. Hace todo cuanto está en su mano para salvar a Hugo; su conciencia política se mezcla con una conciencia maternal. Olga, celosa, cree que Jessica es un elemento indeseable que puede influir negativamente no solo en el pensamiento político de Hugo, sino también en el cumplimiento de la misión. Considera a Jessica una burguesa completamente ignorante en materia política.

HUGO

Niño mimado, su estatus le otorga una sed de justicia social que le lleva a afiliarse al Partido. Se convierte en periodista, pero aspira a pasar a la acción directa. Hugo no se integra bien en el seno del Partido. Sus orígenes burgueses agudizan la hostilidad de sus miembros, que no creen en su simpatía hacia el pueblo; creen que lo único que busca es aliviar su conciencia. En realidad, al entrar al Partido, Hugo buscaba verdad y autenticidad, intentaba escapar de la atmósfera de mentiras que envolvía su círculo burgués. Sin embargo, a pesar de que su indignación es sinceramente comunista, no cumple adecuadamente la misión que Louis le encomienda. Tras dos años de detención, regresa fracasado a los locales del Partido y, sin lograr justificar racionalmente que ha elegido morir, se entrega a sus verdugos. Su carácter sencillo e ingenuo heredado de la burguesía le ha llevado a echar a perder su vida, su misión y hasta su propia muerte.

Se puede realizar una comparación entre el personaje de Hugo y el propio Jean-Paul Sartre si adoptamos la bastardía, procedente de dos orígenes diferentes, como punto de confluencia. En Sartre, este sentimiento de bastardía es doble; por una parte, es afectivo y orgánico: la muerte de su padre cuando contaba con apenas dos años ha suscitado en él la impresión de que los sentimientos con los que su abuelo le crió no eran del todo reales; por otra parte, está su bastardía intelectual, cultural y social. Sartre tenía afinidad con el Este, pero había nacido en el Oeste: «Yo mismo estoy profundamente marcado por el conflicto entre las dos culturas: estoy hecho de esas contradicciones. Mis simpatías, innegablemente, están con el socialismo y con lo que se conoce como el bloque del Este, pero nací y crecí en una familia y una cultura burguesas.» (Labesse 2006).

JESSICA

La joven, nacida en el seno de una familia acomodada, es la mujer de Hugo. Jessica es más inteligente de lo que deja entrever la sencillez de su carácter. Intuitiva, sabe en seguida que Hugo no es un asesino. Para ayudarle a llevar a término su misión, traza un plan: seducir a Hoederer y provocar los celos asesinos en Hugo. Lo consigue, pero cae en su propia trampa al darse cuenta de que el beso de Hoederer ha despertado algo en su interior. Tras el crimen, Jessica se aleja poco a poco de Hugo.

HOEDERER

Dirigente del Partido, seductor y cínico, es el personaje fuerte de la obra. Es la antítesis de Hugo y condena su educación; sin embargo, quiere enseñarle su conocimiento y ética política. Hoederer es consciente de las intenciones de Hugo, pero se cree capaz de atraerlo hacia sus ideales. Hoederer posee la teoría de «las manos sucias»: «Todos los medios son buenos cuando son eficaces» (Sartre 1981, quinto cuadro, escena III); «A vosotros, los intelectuales, los anarquistas burgueses, os sirve de pretexto para no hacer nada. No hacer nada, permanecer inmóviles, apretar los codos contra el cuerpo, usar guantes. Yo tengo las manos sucias. Sucias de mierda y de sangre hasta los codos. ¿Y qué? ¿Te imaginas que se puede gobernar inocentemente?» (Sartre 1981, quinto cuadro, escena III). Para Hoederer, la salvación de los hombres va por delante de la pureza de las ideas. Hugo se siente fascinado por el dirigente, que habría probablemente logrado que el joven renunciara a su misión de no ser por la intervención de Jessica, que hace que todo cambie.

Sartre cree que Hoederer tiene razón en sus planteamientos: la mentira es necesaria en ciertas circunstancias. Aunque intenta hacer todo lo posible para decir la verdad, miente si responde a una exigencia de la praxis (actividad en vistas a un resultado, necesidad).

CLAVES DE LECTURA

EL CONTEXTO HISTÓRICO

A finales de la Segunda Guerra Mundial, los rusos y los aliados ocupan Berlín y se reparten sus diversas zonas. Sin embargo, no tardan en surgir confrontaciones de índole política e ideológica, y los rusos prohíben a los estadounidenses el acceso a la ciudad. Estallan enfrentamientos entre comunistas y liberales: es el comienzo de la Guerra Fría.

La obra transcurre entre 1943 y 1945, durante la Segunda Guerra Mundial, en el país imaginario de Ilyria, que se basa en Hungría, un país que se volvió comunista tras su colaboración con el régimen de la Alemania nazi.

- en 1920, Hungría es dirigida por el Regente y dictador Miklós Horthy, que se alía con la Alemania nazi. En 1942, le declara la guerra a la URSS;
- las derrotas alemanas frente a los rusos llevan consigo el retroceso de las tropas alemanas en territorio húngaro. Szálasi reemplaza en 1944 a Horthy, y establece un régimen a favor del nazismo;
- en 1945, Budapest es asaltada por los rusos y se ve obligada a rendirse. Se instaura un gobierno pro-soviético;
- como Hungría pasa a manos de los comunistas en marzo de 1945, los grandes propietarios ven cómo sus tierras les son expropiadas;
- en 1946, Hungría se convierte en la República Popular de Hungría. El comunismo ha triunfado.

Sartre se inspira en estos acontecimientos para construir su historia: en la obra nos cuenta que, en 1942, nace un doble movimiento de resistencia que tiene como fin el triunfo del régimen germanófilo del Regente de Ilyria: por una parte, el Pentágono nacionalista, es decir, la armada estadounidense; por la otra, los marxistas, que abogan por la emancipación de la clase obrera. El Regente, presintiendo la derrota alemana, contacta con el Pentágono y con la resistencia comunista (el Partido) para proponerles un gobierno tripartito para el que se pone en marcha un Comité Nacional Clandestino. Hoederer, dirigente del Partido, quiere aprobar la propuesta del Regente, lo que desata la indignación de los que defienden la pureza de las ideas. El conflicto interno que se produce en el seno del partido comunista lleva a los «puros» a considerar a Hoederer como un traidor y a organizar su asesinato. La falta de acuerdo político entre dos tácticas irreconciliables no puede más que acabar en crimen. El Partido, en la obra de Sartre, lo integran proletarios puros (marxistas) y socialdemócratas (que no son marxistas, sino reformistas). Este partido, que nace en el país imaginario de Ilyria, es una formación bastarda: no se trata de un verdadero partido comunista. De ahí el conflicto que nace en el seno del mismo.

UNA OBRA POLÍTICA

Esta obra política moderna cuestiona las tácticas políticas que tienen como objetivo salvaguardar al Estado. El Regente, el Pentágono y el Partido tienen concepciones diferentes sobre la manera de servir a la nación.

Las manos sucias es una obra que nos presenta la teoría marxista, es decir, la lucha de clases, la explotación del proletariado, la denuncia de las injusticias sociales, la condena eterna de los disidentes y la necesidad de eliminar a los enemigos. Sartre se muestra imparcial y deja que el lector o el espectador juzgue el desenlace de la obra.

El propio autor se adhiere al marxismo. Desea la liberación económica, moral, política y cultural del proletariado, y se opone al dominio moral de la burguesía, que se realiza mediante un condicionamiento engañoso de los conceptos abstractos de la ideología dominante.

Sartre, para el que los valores de la verdad y de la libertad son esenciales, nunca renuncia a sus afinidades intelectuales con el partido comunista, a pesar de que estas fueron en ocasiones tensas debido al carácter autoritario y monolítico del comunismo. Para el filósofo, no existe otra salvación para el hombre que no sea la liberación del proletariado.

El Partido, en la obra de Sartre, representa la encarnación de un proletariado que reivindica la emancipación de la clase obrera. Le exige a sus miembros lealtad y sumisión ciegas, todo en aras de lograr su objetivo: hacerse con el poder. Por el contrario, los disidentes son tratados como traidores. El comunismo no tiene en cuenta los criterios morales, humanos y de la razón, sino que solo se preocupa por la eficacia. Como consecuencia, los dirigentes comunistas, como Hoederer, no dudan en hacer uso de la omisión, de la mentira y de la falsificación si resulta necesario para alcanzar el objetivo propuesto. Llegar al poder puede también exigir tanto la liquidación de los miembros del Partido como una colaboración temporal con el adversario burgués. Así pues, los dirigentes tienen que ensuciarse las manos y carecer de escrúpulos.

UNA TRAGEDIA HUMANA

Las manos sucias es una tragedia: la obra escenifica el drama de un asesino sin convicción que no es capaz de cumplir la misión que se le encomienda. El Partido es una fuerza invisible, un destino, que impone la máxima de «matar o ser matado». La tragedia de la obra radica en el concepto absoluto y abstracto de una estrategia política que exige todos los sacrificios posibles por parte de sus miembros.

El compromiso político, que necesita una adhesión total e incondicional a las exigencias del Partido, aun siendo estas en ocasiones deshonestas, no impide que los personajes de la obra sean presa de los escrúpulos, las dudas y el sufrimiento. Es especialmente Hugo el que representa este conflicto interno que le hace debatirse entre sus convicciones políticas y su propio carácter. También se puede citar como ejemplo a Olga, aunque en menor medida, debido a su afán de protección hacia Hugo al saber que el Partido quiere deshacerse de él. Pero elevar un ideal a la categoría de un Dios puede ser destructivo para el hombre: el inexorable camino hacia un ideal puede conllevar la necesidad de acabar con la vida de tus iguales. Olga también representa un ejemplo de esto último, ya que el Partido, para que triunfen sus ideales políticos, pide la liquidación de Hugo, por quien siente afecto.

LA TEMPORALIDAD

La temporalidad es uno de los componentes originales y esenciales de la obra. Distinguimos varias:

- el tiempo escénico. *Las manos sucias* transcurre en un período de dos años, lo que no es muy común. Se indica el tiempo en numerosas ocasiones y con gran precisión. La esencia de la acción se desarrolla en un *flashback* en el que Hugo le cuenta a Olga todos los acontecimientos (escenificados) que ocurrieron dos años antes del inicio de la obra. En el último cuadro, volvemos al presente. Hugo ha narrado su historia, que ha durado diez días, en tres horas, que es lo que dura una representación;
- el tiempo histórico. Se trata de un factor esencial, que destaca la evolución temporal de los acontecimientos que han conducido a que el Partido quiera ejecutar a Hugo. En 1943 parece que los alemanes están perdiendo el conflicto; el Regente elabora entonces un plan que busca aliarse al Pentágono y a la Resistencia. Durante los dos años que Hugo pasa en la cárcel, la derrota alemana se confirma y el Partido decide deshacerse del joven, al que considera un traidor;
- el tiempo psicológico. Este tiempo está representado en los días que Hugo pasa en casa de Hoederer. Ahí se ve confrontado con sus dudas y reflexiones. Siente admiración por Hoederer y no se decide a matarlo. Esta duración interna es un factor esencial en la obra: Hugo, revolucionario convencido de cumplir una importante misión, se ve progresivamente desarmado, y no solo simbólicamente, por la fascinación que Hoederer ejerce

sobre él;

- el tiempo de condena. Durante los dos años en los que Hugo está preso, no solo acontecen hechos históricos y políticos, sino que también se separa de Jessica, su mujer. El protagonista ha aprovechado además ese tiempo para alimentar su pensamiento, pensar en el futuro y reflexionar sobre el pasado. Su mirada se dirige hacia el Partido. Cuando le preocupa saber si sus camaradas le habrán olvidado o no, el envío de los bombones envenenados le tranquiliza al respecto. Si el Partido quiere asesinarle, significa que aún piensa en él.

PISTAS PARA LA REFLEXIÓN

ALGUNAS PREGUNTAS PARA PROFUNDIZAR EN SU REFLEXIÓN...

- ¿Qué podemos deducir de las opiniones políticas de Jean-Paul Sartre a partir de la lectura de *Las manos sucias*?
- ¿De qué manera difiere el sentido trágico de la obra de aquel que solemos encontrar en las tragedias?
- ¿Qué puntos en común existen entre *Hamlet* de Shakespeare y el personaje de Hugo Barine?
- El personaje de Orestes en *Las moscas* de Sartre rechaza, al igual que Hugo al final de la obra, renegar de su acto. ¿Considera que ambos son comparables?
- ¿Cómo representa el personaje de Hoederer el arquetipo del líder político?
- ¿Podemos clasificar a la *Las manos sucias* como una obra existencialista? Justifique su respuesta.
- Sartre considera que Hugo ha echado a perder su vida, en su misión y en su muerte. ¿Comparte usted su opinión? Explíquelo con argumentos.
- ¿Qué paralelismos podemos establecer entre la imagen de activismo político que ofrece *Los justos* de Camus y *Las manos sucias* de Sartre? ¿De qué forma explican ambas obras la filosofía de sus respectivos autores?
- Slick y Georges son personajes secundarios en la obra. ¿Qué aportan al sentido global de la misma?
- ¿Considera que *Las manos sucias* sigue haciéndose eco de las realidades actuales?

PARA IR MÁS ALLÁ

EDICIÓN DE REFERENCIA

- Sartre, Jean-Paul. 1981. *Las manos sucias*. Traducido por Aurora Bernárdez. Madrid: Alianza Editorial.

ESTUDIOS DE REFERENCIA

- Labesse, Jean. 2006. *Étude sur Les Mains sales*. París: Ellipses, colección *Résonances*.

ADAPTACIONES

- *Las manos sucias*. Dirigida por Fernand Rivers, con Pierre Brasseur, Daniel Gélin, Claude Nollier y Jacques Castelot, 1951.